HISTORIAS IMPOSIBLES

HISTORIAS IMPOSIBLES
50 HISTORIAS PARA RESOLVER CON TUS AMIGOS

Marc Casanovas

montena

El papel utilizado para la impresión de este libro ha sido fabricado a partir de madera procedente de bosques y plantaciones gestionadas con los más altos estándares ambientales, garantizando una explotación de los recursos sostenible con el medio ambiente y beneficiosa para las personas. Por este motivo, Greenpeace acredita que este libro cumple los requisitos ambientales y sociales necesarios para ser considerado un libro «amigo de los bosques». El proyecto «Libros amigos de los bosques» promueve la conservación y el uso sostenible de los bosques, en especial de los Bosques Primarios, los últimos bosques vírgenes del planeta.

Primera edición: abril de 2016

© 2016, Marc Casanovas Gudayol
© 2016, Víctor Aragón, por las ilustraciones
© 2016, Penguin Random House Grupo Editorial, S. A. U.
Travessera de Gràcia, 47-49. 08021 Barcelona

Penguin Random House Grupo Editorial apoya la protección del *copyright*.
El *copyright* estimula la creatividad, defiende la diversidad en el ámbito de las ideas
y el conocimiento, promueve la libre expresión y favorece una cultura viva.
Gracias por comprar una edición autorizada de este libro y por respetar las leyes del *copyright*
al no reproducir, escanear ni distribuir ninguna parte de esta obra por ningún medio sin permiso.
Al hacerlo está respaldando a los autores y permitiendo que PRHGE continúe publicando libros
para todos los lectores. Diríjase a CEDRO (Centro Español de Derechos Reprográficos,
http://www.cedro.org) si necesita fotocopiar o escanear algún fragmento de esta obra.

Printed in Spain – Impreso en España

ISBN: 978-84-9043-575-5
Depósito legal: B-3.573-2016

Compuesto en M. I. Maquetación, S. L.
Impreso en Lavel
(Madrid)

GT 3 5 7 5 5

Penguin
Random House
Grupo Editorial

¿CÓMO SE JUEGA A «HISTORIAS IMPOSIBLES»?

Tienes en tus manos 50 historias imposibles que sucedieron de verdad y tú eres el encargado de descubrir qué pasó en cada una de ellas. ¿Qué cómo lo vas a hacer? ¡Muy fácil! Déjate llevar por tu imaginación, ponte la gabardina de detective y sigue estas sencillas instrucciones:

EL FORMATO Seguro que ya te habrás dado cuenta, pero este libro no es un libro cualquiera. Es un libro multiusos que se puede leer como un libro de adivinanzas o se puede usar como juego. Vamos, como te dé la gana. Por este motivo no se abre como un libro normal, sino que se abre hacia arriba.

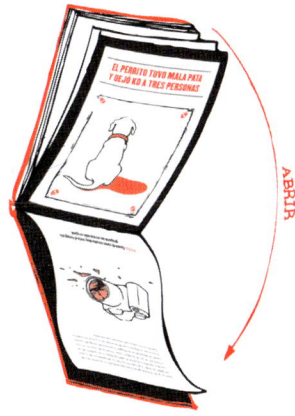

¿Cómo se utiliza? Muy sencillo: la mejor manera de leerlo y de jugar con él es sentándote frente a tu compañero de juego, de modo que cuando tú veas la solución y el desarrollo del enigma, él o ella vean el dibujo y la frase misteriosa. A partir de ahí, ¡todo es imaginar!

LAS HISTORIAS Cada historia se encuentra dividida en dos partes: el enunciado y la resolución. Presta atención al enunciado y empieza a resolver el enigma. ¡No leas la resolución si pretendes resolver el misterio por ti mismo! En esa segunda parte se detalla qué sucedió en la historia y por lo tanto se da la respuesta. ¿Qué cómo vas a saber si has acertado sin leer la resolución? Tranquilo, lee el siguiente punto.

LA COMPAÑÍA Todos los grandes detectives de la historia han tenido su ayudante, y tú no vas a ser menos, ¿verdad? Pues ahora es el momento de elegir el tuyo. Tu ayudante será el responsable de leerte el enunciado de la historia y guiarte para encontrar la solución final. Naturalmente, él si que debe leer la resolución para contestarte correctamente las preguntas sobre la historia.

LAS PREGUNTAS Son la clave del juego. Pregunta, pregunta y vuelve a preguntar. Cuanto más disparatadas sean tus preguntas sobre la historia, más opciones tienes de resolverla. Usa tu intuición e ingenio y déjate llevar. Recuerda... ¡son historias imposibles!

LAS RESPUESTAS Sí o no. El ayudante solo podrá responder las preguntas que puedan tener un sí o un no como respuesta. No te pases de listo que nos conocemos.

LAS PISTAS Si no estás muy inspirado ese día o la historia es más imposible de lo que pensabas, pídele a tu ayudante que te lea la pista que encontrará al pie de la página. Sé muy observador y fíjate bien en **todas las palabras**, tanto del enunciado principal como de la pista. Los dibujos que los acompañan también te pueden ayudar. ¿Cómo? ¿Que no encuentras la solución ni con la pista? Ay, madre mía... bueno, venga, vale... te dejo que preguntes a tu ayudante...

LAS NOTICIAS ¿Pensabas que nos las habíamos sacado de la manga? Son historias ***imposibles***, no inventadas. Al final del libro vas a encontrar los titulares de todas las noticias pero, ¡OJO!, la mayoría revelan el misterio, así que ¡no mires si no quieres echar a perder el enigma!

LO MÁS IMPORTANTE Diviértete. Juega como te apetezca pero diviértete, que de eso es de lo que se trata.

¡A JUGAR!

LA BODA LE SENTÓ COMO UN TIRO AL FOTÓGRAFO

Un fotógrafo italiano quiso ir un paso más allá en el noble arte de las fotos de boda. Cansado de las típicas instantáneas de recién casados, decidió sustituir el ramo de flores y los anillos de los novios por un par de pistolas y unas escopetas de caza. En el momento de inmortalizar la imagen la cámara del fotógrafo no fue la única que se disparó, y una de las armas de la pareja encuadró a la perfección la cabeza del retratista con una bala.

PISTA: Como el ramo estaba muy visto el fotógrafo propuso un atrezo más original

EL PERRITO TUVO MALA PATA Y DEJÓ KO A TRES PERSONAS

La familia Montoya se marchó de vacaciones dejando encerrado en su piso de Buenos Aires al pobre Sparky, un perrito pequinés. Aburrido de estar en casa, el chucho decidió salir al balcón, con tan mala pata que resbaló y acabó precipitándose al vacío desde el decimotercer piso, precisamente cuando una anciana paseaba justo por debajo del balcón de la familia Montoya. El impacto perruno sobre la cabeza de la pobre mujer la dejó inconsciente. Mientras Sparky se iba de la escena vivito y coleando, la gente de la calle corrió a socorrer a la anciana, pero no pudieron hacer nada por ella. Tampoco tuvo la suerte de cara una de las auxiliadoras. Más bien lo que tuvo de frente fue el coche que la atropelló en el momento en que cruzó la calle para ir a ayudar a la ancianita. Finalmente, por si el espectáculo no fuera ya bastante grotesco, un anciano que había presenciado desde el principio la cadena de infortunios se desmayó por la impresión, y el caos inundó la calle.

PISTA: **El perro era demasiado pequeño y se escurrió entre los barrotes del balcón**

EL CONDUCTOR DEL AUTOBÚS TENÍA SED Y LOS PASAJEROS TERMINARON EN EL MANICOMIO

En su ruta habitual como chófer del manicomio del condado, Randy Hubbs notó la garganta más seca de lo normal, así que decidió hacer un breve alto en el camino para remojar el gaznate. Mientras el conductor saciaba su sed en un bar, los pacientes aprovecharon para colmar sus ansias de libertad saliendo del autobús y desperdigándose por todo el pueblo. Cuando el conductor regresó al vehículo, lo encontró totalmente vacío. El tiempo apremiaba y Randy, hombre práctico sin lugar a dudas, encontró la solución a su problema: si el manicomio del condado quería pacientes, tendría pacientes. Condujo el autobús hasta la primera parada que encontró, abrió las puertas y dejó que la gente del pueblo se subiera. Con el vehículo lleno de nuevo, puso el motor en marcha rumbo al manicomio. Al llegar al centro, Randy tuvo la prudencia de alertar al personal sanitario de que los pacientes del día estaban un pelín alterados.

PISTA: Los pasajeros que llegaron al manicomio no eran los mismos que empezaron el trayecto

EL SOMBRERO DE WILLIAM SALIÓ VOLANDO Y LOS BOMBEROS TUVIERON QUE RESCATAR SU CABEZA

La mañana en que William Middleton salió a dar un paseo el viento azotaba las calles de Aberdeen. Para protegerse de la ventisca, el buen hombre se lanzó a la intemperie vistiendo un cálido sombrero que le suplía la falta de pelo. A medio camino el sombrero sucumbió al viento, despegó de la calva de William y, volando unos metros atrás, acabó aterrizando con excelente maestría por la única ranura que ofrecía la tapa de un cubo de basura. El hombre no se amedrentó y reclinó medio cuerpo dentro de la misma boca del contenedor para recuperar su sombrero volador. La operación parecía completarse con éxito pero, cuando William quiso retirar la cabeza del pestilente espacio, no pudo hacerlo. Se quedó atascada. Media hora más tarde los bomberos de Aberdeen tuvieron que serrar aquel contenedor para salvar la cabeza del señor Middleton, así como su sombrero.

PISTA: Después de recuperar su sombrero, William olía muy mal

AUNQUE GEOFF CONFESÓ UN ASESINATO, EL SHERIFF DEJÓ QUE SE MARCHARA A CASA

El ayudante del sheriff de Jacksonville escupió el café de golpe cuando Geoff Gaylord confesó su crimen. Peludo, alto y gordo, Geoff tenía más de oso que de humano y no obstante se derrumbó en un mar de lágrimas admitiendo ser el autor de un cruel asesinato. El subordinado encerró al asesino en el calabozo y fue en busca del sheriff. Geoff había matado a su mejor amigo, Mr. Happy. Cuando el sheriff estuvo en la habitación el hombre-oso narró otra vez los hechos. Primero le asestó veinte puñaladas hasta dar muerte al amigo y luego, con la ayuda de un hacha, lo cortó en pedacitos muy pequeños para poderlo enterrar más cómodamente en su jardín. Una vez tomada la declaración, el sheriff le quitó las esposas a Geoff y lo mandó de vuelta a casa sin condena alguna: Geoff había asesinado a su amigo imaginario.

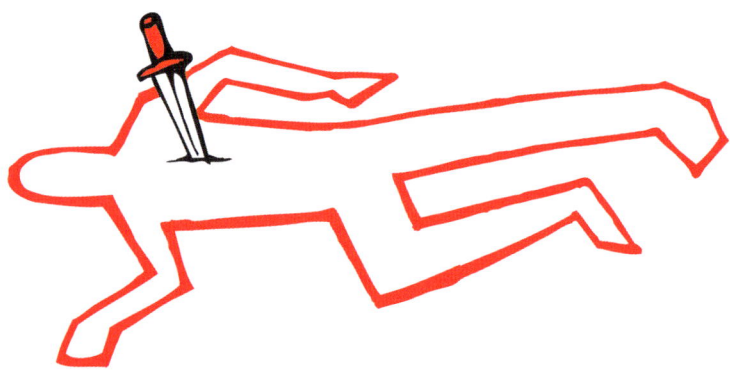

PISTA: La imaginación de Geoff era más viva que su propio amigo

POR CULPA DEL HIPO, LAWRENCE PERDIÓ UN DEDO

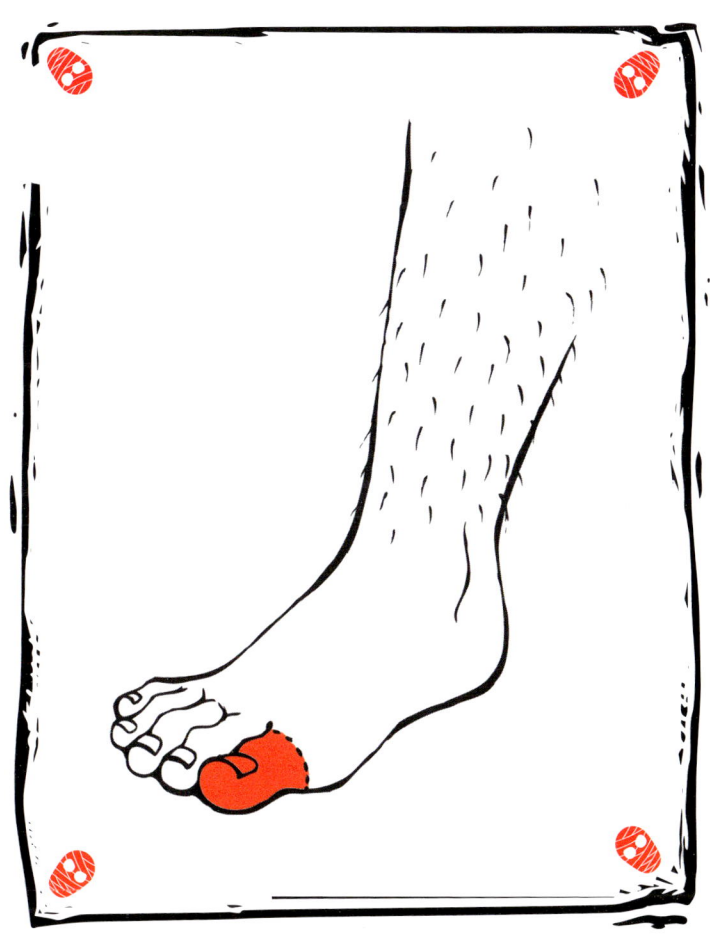

Para no alimentar la leyenda sobre su impuntualidad, ese día Patrick Myers salió disparado de la base militar para llegar a tiempo a su tradicional cita futbolera en casa de su buen amigo Lawrence. Cuando Lawrence abrió la puerta se encontró a un perfecto soldado uniformado sonriéndole que le hacía entrega de unas latas de cerveza. Mientras veían el partido repantigados en el sofá, le sobrevino un ataque de hipo que sacudió el cuerpo de Lawrence a base de espasmos y pequeños gruñidos guturales. Si lo mejor para exorcizar el hipo es dar un buen susto al endemoniado, Patrick encontró la solución perfecta: desenfundó su revólver y encañonando al anfitrión imitó la detonación de la pólvora en el momento del disparo. Por desgracia y por culpa del seguro de la pistola, su buena imitación quedó sorda bajo el estallido real de la bala, que hizo desaparecer el dedo gordo del pie de Lawrence... Y su hipo, claro.

PISTA: Aunque su amigo era soldado, tuvo una idea de bombero

EL DÍA DE SU DÉCIMO CUMPLEAÑOS, JOSH SE QUEDÓ SIN CEJAS

Los Harrison decidieron celebrar por todo lo alto el décimo aniversario de su pequeño Josh, y para que saliera todo a la perfección, el matrimonio dividió sabiamente las tareas para preparar la mejor fiesta de cumpleaños: la señora Harrison se ocupó de los invitados, la comida, los globos, los regalos e incluso de preparar la tarta, mientras que el señor Harrison se ocupó de molestar lo menos posible. La única misión que encargó la señora Harrison a su marido fue la de traer las diez velas para la tarta. Para sorprender a todos, el padre de la criatura decidió salirse del guión comprando también algo de pirotecnia. Con las velas y los petardos juntos y revueltos en la misma bolsa regresó orgulloso a casa. A la hora del pastel, Josh sopló y sopló pero las velas no se apagaron. La mecha se consumió y un sonoro estruendo inundó la sala. Al explotar, la tarta bañó a los invitados de cobertura de chocolate y dejó al pequeño Josh con las cejas chamuscadas.

PISTA: El pastel fue el auténtico protagonista de la fiesta de Josh

LA PUNTUALIDAD LLEVÓ A FRANK Y A ROSS A LA CÁRCEL

A quien madruga Dios le ayuda... a menos que seas un atracador. Esto no debían saberlo ni Frank Coleman ni su sobrino Ross cuando un lunes a les seis de la mañana decidieron saquear la cafetería más concurrida de Chicago. Después del clásico grito de «¡esto es un atraco!», Frank y Ross se percataron de que estaban solos. Detrás de la barra, tan solo aguardaba el propietario del local con unos míseros 45 dólares en la caja registradora. Ante la decepción de los dos delincuentes, el dueño del café les propuso repetir el asalto una hora más tarde. Así la caja registradora tendría tiempo suficiente para engrosar. Los ladrones le tomaron la palabra y se fueron del establecimiento con una caja de rosquillas recién horneadas por rehenes. Una hora y treinta y seis rosquillas después, Frank y Ross volvían a cruzar la puerta del Royal Coffee, pero en esta ocasión no fueron ellos los que dieron voces al entrar sino seis hombres uniformados: «¡Policía de Chicago! ¡Quedan ustedes detenidos!».

PISTA: Frank y Ross eran unos atracadores muy glotones

ANTES DE QUE EL AVIÓN DESPEGARA, JAMES SE DESMAYÓ DOS VECES

Aunque el resto de pasajeros ya habían embarcado, la azafata que custodiaba la puerta de embarque insistió en pesar el equipaje de James. La báscula marcaba un kilo más de lo permitido, así que o pagaba 45 euros de sobrepeso o la maleta no subía. Entonces James tuvo la mejor idea de su vida. Se echó a un lado, abrió la maleta y se propuso aligerar su contenido. Pocos minutos después, James traspasaba como podía la puerta del avión con su maleta y vistiendo a la vez seis camisetas, cuatro jerséis, tres tejanos, un par de pantalones deportivos, dos chaquetas y dos gorras. Su plan, a todas luces infalible, consistía en quitarse toda esa ropa así que en cuanto llegase a su asiento, pero a unos pocos pasos de su butaca, el armario andante empezó a notar que no se encontraba bien. Su temperatura corporal había aumentado y respiraba con dificultad. James perdió el conocimiento dos veces antes de poder acomodarse finalmente en su sitio. Eso sí, las caídas fueron las más acolchadas de toda su vida.

PISTA: Por no querer pagar de más a James le dio un sofocón

PARA PODER RECORDAR SU BODA, EL JUEZ DICTÓ QUE CHARLOTTE Y CARLOS SE CASARAN DE NUEVO

El obturador de la cámara se abría y se cerraba sin parar frente a los radiantes recién casados. Aquí Charlotte y Carlos cortando el pastel, allá otra instantánea de los anillos; una con los padres de él, otra con los padres de ella; luego los primos, los compañeros del trabajo y las amigas de toda la vida. El fotógrafo, emulando a Billy el rápido, no perdió detalle de nada y disparó sin parar hasta que el último tío borracho de Charlotte abandonó la pista de baile. Cuando, ya en su estudio, se dispuso a descargar las imágenes de la cámara en el ordenador, algo fue mal. Se borraron todas las fotografías. Ni tarta, ni anillos, ni novios, ni nada. Pero la pérdida de las instantáneas no fue nada comparada con el mal trago de tener que contárselo a la pareja. Después del desmayo de Charlotte, Carlos demandó al desgraciado retratista y el juez ordenó repetir la boda. Después del segundo «sí, quiero», el ordenador también quiso y los novios fueron felices, comieron perdices y miraron sus fotografías.

PISTA: Un error informático echó a perder toda la celebración

EL HOMBRE DEL TIEMPO ACERTÓ Y CASI SE MUEREN DOS VECES

«El hombre del tiempo siempre se equivoca.» Eso fue lo que le dijo Stuart a su amigo Ryan dos días antes mientras encajaba la mochila en el maletero al más puro estilo *Tetris*. Ryan insistió en la apocalíptica previsión meteorológica para ese fin de semana pero Stuart hizo rugir el motor del Land Rover a modo de conclusión. Cuando aparcaron el coche al pie de la montaña el sol brillaba, pero el hombre del tiempo no siempre se equivoca y los dos excursionistas quedaron incomunicados por una intensa nevada a media ascensión. Cuarenta y ocho horas más tarde y con el susto en el cuerpo, Stuart se disculpaba con Ryan mientras los equipos de rescate se despedían. De vuelta a casa parecía que la aventura por fin había terminado, pero Stuart no tuvo la puntería suficiente para encarrilar el Land Rover por la rampa del ferry. Chof. Los dos amigos lograron escapar mientras el todoterreno se hundía. Eso sí, necesitaron otra vez el equipo de rescate para luchar contra la hipotermia.

PISTA: Aunque no eran muy buenos alpinistas, el mayor problema lo encontraron al terminar la excursión

MAREK FUE AL DENTISTA POR DOLOR DE MUELA Y SALIÓ SIN UN SOLO DIENTE

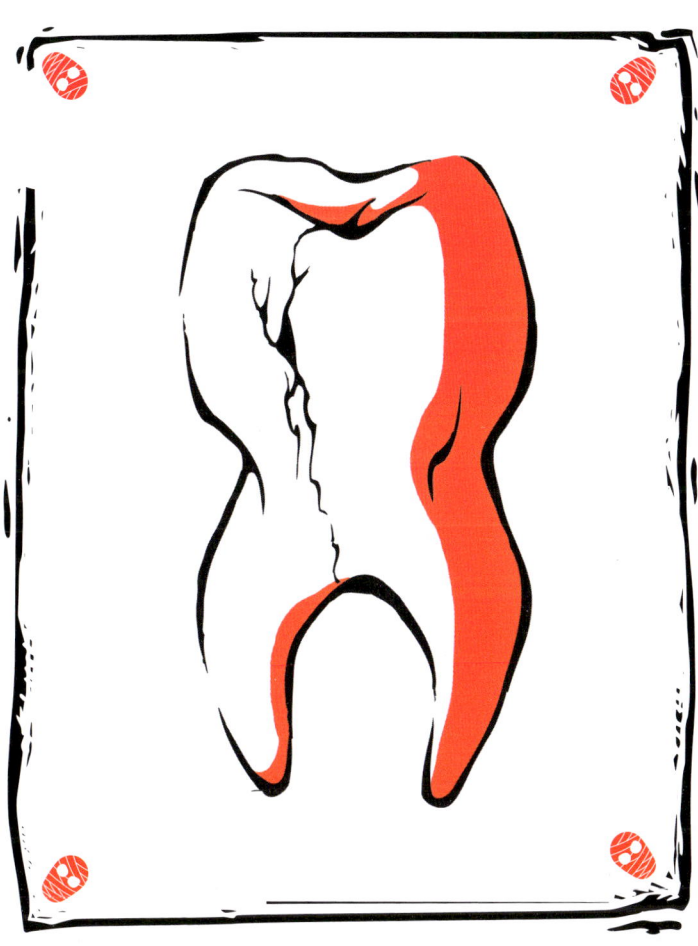

El dolor de muelas de Marek era infernal así que ni corto ni perezoso se presentó en la consulta de su dentista. Nada raro de no ser por un pequeño detalle: la dentista también era su ex novia. Tan solo habían pasado tres meses desde que Marek abandonó a Ana por otra mujer a medio año de la boda. Tiempo que el adolorido consideró más que suficiente como para que la herida cicatrizara. Ana, más profesional que nunca, le invitó a recostarse en la butaca para poder iniciar la exploración. Marek notó varios pinchacitos a lo largo de sus encías. «Tranquilo, no te va a doler», dijo Ana sosteniendo una jeringuilla. Un largo rato después, Ana dio la intervención por concluida y en efecto, Marek no notó nada. Ni lo volvería a notar. Su ex novia le extirpó todos y cada uno de los treinta y dos dientes de su boca. Pero Marek no solo se quedó sin dientes, su nueva amante, al ver la nueva sonrisa, también lo abandonó. La venganza es un plato que se sirve frío y con anestesia.

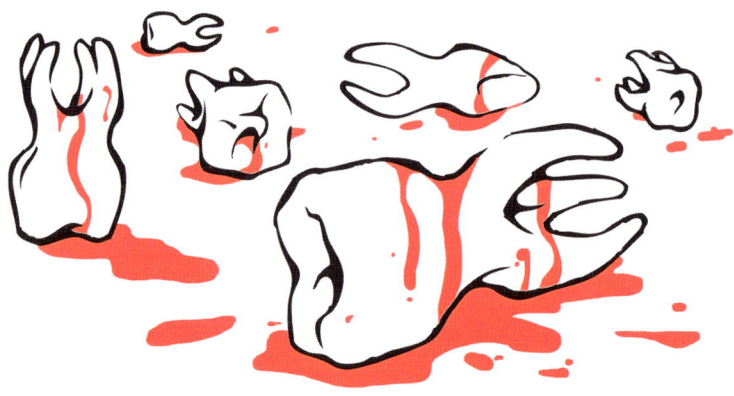

PISTA: Marek tenía cuentas pendientes con su dentista

AUNQUE TJ RIICE ERA MUY BUEN NADADOR, MURIÓ AHOGADO

Aquel verano Venice Beach había sido un hervidero constante de bañistas, surfistas y barrigas tostándose al sol. Aun así, el cuerpo de vigilantes de la playa se congratulaba de haber actuado con rapidez en todos y cada uno de los percances que habían sucedido. Por primera vez en mucho tiempo, Venice Beach no tenía que lamentar ninguna víctima. Eso se merecía una celebración y los socorristas alquilaron una casita con piscina para el festejo. Todo iba viento en popa hasta que TJ Riice decidió desafiar las leyes de la física andando por encima del agua aprovechando la multitud de flotadores y colchonetas. En el momento de pisar el último de los hinchables, la cabeza del cocodrilo verde se hundió más de la cuenta y el socorrista se dio de bruces contra el bordillo. El cuerpo de TJ Riice apareció bocabajo flotando en la piscina. Veinticinco socorristas no pudieron evitar que el pobre TJ Riice les aguara la fiesta más segura del mundo.

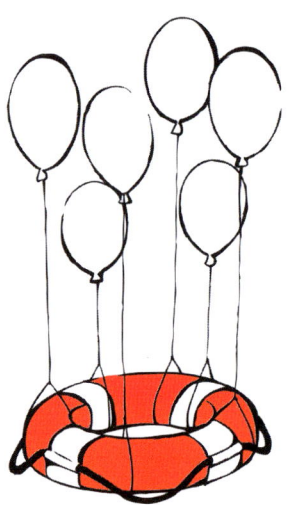

PISTA: TJ Riice no se ahogó por falta de flotadores

JOHANNES SE ALISTÓ AL EJÉRCITO Y VOLVIÓ A CASA VIVO, PERO AFÓNICO

El estruendo de las balas retumbaba en el campo de tiro del ejército neerlandés. Soldado tras soldado desafiaba las líneas enemigas imaginarias disparando sin piedad a un desamparado tablón de madera que hacía las funciones de diana. El consumo de munición fue más alto del estimado y progresivamente los soldados fueron quedándose sin balas durante el entrenamiento. Ante las quejas de los combatientes el alto mando encontró la solución perfecta. Si sus rifles no disparaban, lo harían sus bocas. Como el resto de los soldados, Johannes no tuvo más remedio que imitar el ruido de los disparos a pleno pulmón, unos ridículos «¡Bang! ¡Bang!» que llenaron el campo de batalla. Si tu país entra en guerra, reza para que sea contra Holanda; y si eres holandés, afina la garganta.

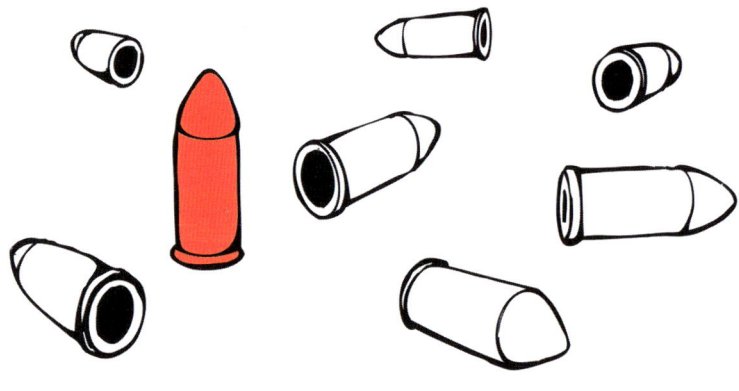

PISTA: La escasa munición no evitó que siguieran disparando

VEINTE MINUTOS DESPUÉS DEL DESPEGUE, EL AVIÓN TUVO QUE VOLVER AL AEROPUERTO

Tan pronto como la torre de control autorizó el despegue, el piloto del BE384 inició la maniobra de ascenso. Después de una sacudida inicial que dejó a todos los pasajeros pegados a sus asientos, el avión empezó a tomar altura dejando atrás primero la pista de despegue, luego el aeropuerto y poco después la ciudad entera. Todo transcurría con normalidad en el vuelo con destino a Dublín cuando de pronto un led rojo se iluminó en la cabina del piloto. Algo iba mal. Tras una breve conversación entre el piloto y su segundo de a bordo decidieron dar media vuelta y regresar al aeropuerto antes que las cosas se pusieran feas. Ya en tierra firme los técnicos se apresuraron a inspeccionar la aeronave y después de un exhaustivo examen encontraron el problema. Insatisfecha con sus propias alas, una abeja se había alojado en uno de los motores del avión provocando el fallo. Sin lugar a dudas, la abeja más aventurera de la historia.

PISTA: El culpable fue un polizón muy bestia

DESPUÉS DE LA MUDANZA, RANJIT TERMINÓ ENTRE REJAS

Burló el último de los puestos de vigilancia y sin pensarlo dos veces saltó la verja. La caída fue dura y con algún rasguño de propina pero le valió la pena: era libre de nuevo. Había pasado el primer año de su cadena perpetua en una húmeda celda de Narsinghpur, pero la humedad no era lo peor de ese centro. Las ratas, los compañeros, la comida y el inexistente colchón competían por ese dudoso honor. Ranjit tenía muy claras las diferencias entre una cárcel y un spa, pero también tenía muy claro que no iba a pasar el resto de su vida de ese modo. Necesitaba un sitio en condiciones para vivir. Con la fuga completada con éxito, puso en marcha la segunda mitad del plan y después de andar casi doscientos kilómetros por fin llegó a su nuevo hogar. Había oído muy buenos comentarios del sitio. Cogió aire y traspasó la puerta de la prisión de Chinddwara para completar el resto de su condena y vivir en paz el resto de sus días.

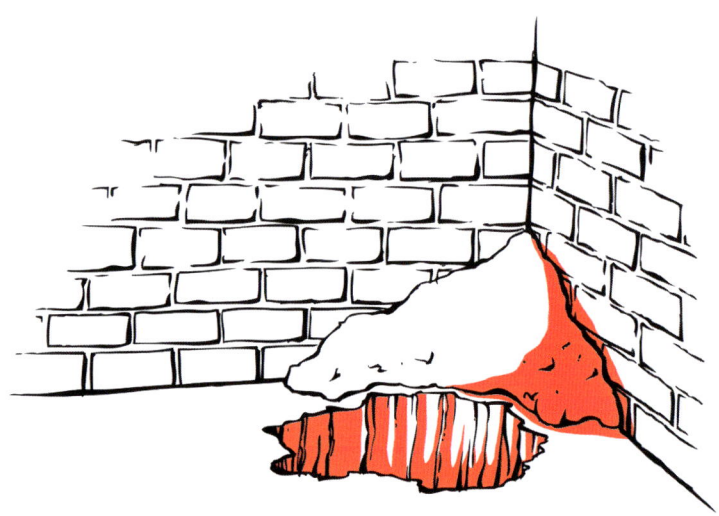

PISTA: La fuga de Ranjit acabó como él quería

LA SIESTA LE COSTÓ A GÜNTER 222.222.222,22 EUROS

Si Martin Luther King tuvo un sueño, el pobre Günter solo tenía sueño. Mucho sueño. Tras otra larga jornada laboral en el banco y a 120 bostezos por hora había conseguido rebajar considerablemente las torres de formularios que se apilaban en su mesa, pero aún quedaba trabajo por hacer. Tenía que transferir 64,20 euros al señor Hitzfield, pues adelante. Sin embargo, cuando iba a empezar la operación Günter se entregó definitivamente a Morfeo y cayó rendido en un sueño profundo. Seis horas más tarde, el banquero despertó y cuando vio la pantalla del ordenador deseó no haberlo hecho ya nunca más. Su dedo índice se había recostado en la tecla número 2 toda la noche y acababa de enviar una transferencia por valor de 222.222.222,22 euros al señor Hitzfield que, a diferencia de Günter, tuvo un buen despertar aquella mañana en Wiesbaden.

PISTA: Además, la cabezadita lo dejó sin trabajo

PARA PODER VER A SU FAMILIA DON GENARO DECIDIÓ MORIRSE

Don Genaro rayó con un rotulador rojo el número veintidós. Hacía nueve meses y veintidós días que ni sus hijos ni sus nietos aparecían por su casa. La última vez que tuvieron la deferencia de visitarlo fue en Año Nuevo, cuando le hicieron entrega de los calcetines que Papá Noel le había traído por Navidad. Solo, aburrido y harto, llegó a una conclusión: si quería ver a su familia tendría que morirse. Pero Don Genaro no era tan tonto como para matarse de verdad, así que destinó 80 euros de su pensión a publicar su esquela en el periódico. Cuando el menor de los hijos del maquiavélico abuelo la leyó, hizo las maletas rápidamente. Ese mismo día se presentaron los tres hijos y los cinco nietos en casa del abuelo. Cuando llegaron, por poco los tienen que enterrar a ellos. Allí encontraron a Don Genaro, tumbado en el sofá, sonriendo y con los calcetines que Santa Claus le trajo por Navidad asomando por la pernera. Después del mal rato que pasaron, sí que quisieron verle muerto.

PISTA: Aunque decidió morirse, don Genaro no se suicidó

POR UN VIAJE EN SU COCHE, EL TAXISTA GANÓ UNA MEDALLA DE ORO

En el momento que el martillo salió volando de sus manos, Pawel sabía que lo había logrado. Un sinfín de entrenamientos y años de sacrificio mantuvieron el mazo volando en el aire hasta conseguir el récord. «Pawel Fajdek, campeón del mundo de lanzamiento de martillo», anunció la megafonía del Estadio Olímpico de Pekín. Eso había que celebrarlo. Con el peso de la medalla de oro en el cuello y unos pocos yuanes en el bolsillo, Pawel se propuso aplicar la ley seca en Pekín bebiéndose él mismo todo el alcohol de la ciudad. Cuando el taxi se detuvo frente al hotel, el atleta no llevaba ni una sola moneda. Excepto una, dorada y enorme, que le colgaba del pescuezo. Ni corto ni perezoso se la ofreció al taxista, al que no le costó convencer para que aceptara el trato. A la mañana siguiente, Pawel amaneció en el hotel con un intenso dolor de cabeza y preguntándose dónde estaría su medalla.

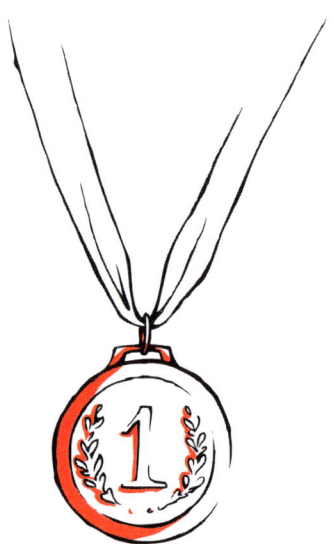

PISTA: A pesar del trofeo, el taxista no estaba compitiendo

GRACIAS A LAS OLAS, JACK PUDO LIBRARSE DE LA CÁRCEL

Las olas rompían con fuerza en la orilla de la isla noruega de Bastoy. Ese diminuto punto de tierra había sido reconvertido en una de las cárceles más seguras del planeta. Sin necesidad de muros, alambres o celdas, la inmensidad del Atlántico intimidaba lo suficiente como para sofocar cualquier delirio de libertad entre los reclusos. Nadie se había fugado de Bastoy pero Jack estaba dispuesto a desafiar la historia y, más aún, el océano. Para ello solo necesitaba una tabla de madera y recordar sus largos veranos de juventud en la costa de San Diego. Y así fue como escapó, montado en una improvisada tabla de surf y surcando las olas que aquel día rompían con fuerza en la isla noruega de Bastoy. Sin lugar a dudas, la fuga con más estilo de la historia.

PISTA: Sus habilidades deportivas fueron decisivas

UNA SELFI MUY SALVAJE LE COSTÓ LA MANO A ALEX

Alex tomaba el sol tranquilamente en su jardín cuando oyó un curioso ruido entre los matorrales. Al acercarse, no tardó mucho en hallar el origen del ruidito entre la maleza: una serpiente de cascabel enroscada meneaba la cola para darle la bienvenida. Pasado el susto inicial, Alex mantuvo la calma y no dudó en hacer lo que todos haríamos con una serpiente venenosa en nuestro jardín: coger el móvil y sacarle una foto. El problema vino cuando las ansias artísticas de Alex fueron a más. El artista quiso posar junto a la serpiente y en un homenaje a la inconsciencia Alex tomó el animal por la cola para hacerse una selfi. Error. En ese mismo instante la serpiente mordió la mano del fotógrafo inyectándole una buena dosis de veneno. En el hospital pudieron salvarle la vida a Alex pero no la mano, que hubo que amputar. Puede que hubiera perdido un pulgar, pero se ganó un montón de pulgares levantados en señal de «me gusta».

PISTA: El veneno fue más rápido que el flash

ROBERT QUISO VER LA SALIDA DEL SOL Y TERMINÓ CHAMUSCADO

La alarma del despertador se disparó a las 4.57 de la madrugada. Con la cabeza enterrada en la almohada y los ojos sellados por las legañas, Robert aporreó el aparato hasta que el pitido se detuvo. Tras varios minutos, las neuronas se sacudieron la pereza y recordaron a Robert el motivo de asesinar el sueño a esas horas intempestivas: según el último informativo meteorológico el sol saldría a las 5.32 h y Robert quería inmortalizar el momento. Diez bostezos más tarde, Robert cerró la puerta del piso con la cámara colgada del hombro. Ya en la calle, el madrugador decidió trepar a un árbol para tener una vista privilegiada del amanecer. Cuando el sol hizo acto de presencia, Tarzán empezó a disparar sin cesar. Buscando el encuadre perfecto, perdió el equilibrio y vio la salvación en un par de cables eléctricos que sujetó a modo de lianas. Más de dos mil voltios frieron a Robert de arriba abajo. Para desgracia de Robert, en esta ocasión no solo las fotos le salieron quemadas.

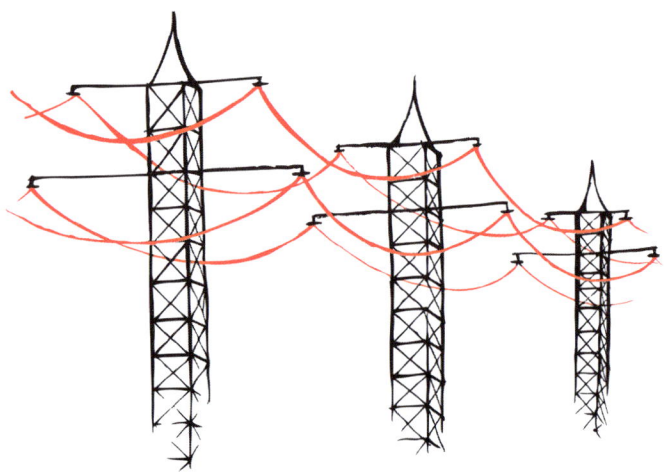

PISTA: Subir a un árbol para capturar el momento fue lo último que hizo

A DANIEL LO MATARON POR PREGUNTAR LA HORA COMO NO DEBÍA

Daniel iba tarde. Salió disparado de su casa pero se paró a saludar a la señora Chippy, quien siempre se esforzaba en gritarle todas las palabras: «¡Buenas tardes, muchacho!». Daniel era sordo de nacimiento y a pesar de los empeños de la adorable anciana, esos berridos no iban a solucionarlo. Quiso consultar su reloj pero al remangarse la camisa solo vio una marca de sol en su muñeca izquierda. Daniel pensó que el karma le compensaba su olvido cuando se percató de que un grupo de cinco jóvenes se acercaba hacia él haciendo ostensibles gestos con las manos. Creyendo que eran sordos, Daniel empezó a gesticular con las manos ante la perplejidad de los jóvenes. Uno de esos movimientos no les sentó nada bien a los muchachos y sin pensárselo dos veces desenfundaron una colección de pistolas que le llenaron el cuerpo de plomo. Lo que Daniel creyó que era una panda de amigos sordos resultó ser una banda callejera que confundió su pregunta con un gesto ofensivo de otra banda.

PISTA: El lenguaje de signos no le sirvió para comunicarse

CUANDO LA POLICÍA LLEGÓ AL BANCO, EL ATRACADOR YA ESTABA MUERTO

«¡Manos arriba! ¡Esto es un atraco!», así dio Luke los buenos días a los empleados del banco. Aliñó su saludo con un par de disparos al techo y, con una media cubriéndole la cabeza, instó al encargado de la sucursal para que le abriera la caja fuerte si deseaba conservar su cabeza, una disyuntiva que el hombre no tuvo muchos problemas en resolver. Una vez abierta la caja, Luke se dio cuenta de que estaba prácticamente vacía. Enojado y creyendo que el encargado le estaba estafando no dudó en colocarle la pistola en la sien y pulsar el gatillo. Clic. No pasó nada. El banquero suplicó por su vida entre un mar de lágrimas y sudores fríos. Segundo intento siguiendo las instrucciones: pistola en la sien, pulsar el gatillo y... nada. El revólver estaba atascado. Luke puso el ojo en el cañón de la pistola para intentar detectar el problema pero no tuvo tiempo ¡BANG! En este caso la policía no tuvo que detener a Luke, sino juntar los pedacitos de su cráneo.

PISTA: La pistola se encasquilló en el peor momento

A LA POBRE DOROTHY LA MATÓ EL CAFÉ

Dorothy dio otro sorbo antes de recostarse de nuevo en la cama. Ni el café era de Colombia ni las sábanas eran de seda, pero no podía quejarse, su habitación tenía ventana y podía espiar las otras habitaciones. Además, Dorothy tampoco pensaba quedarse mucho tiempo en ese hospital: a sus 83 años no tenía tiempo que perder y aún menos por una simple bronquitis. Cuando en el televisor empezó a sonar la sintonía del culebrón, la doctora Mosell entró en la habitación. No había un solo mediodía que la maldita doctora la dejara ver la telenovela en paz. Dorothy clavó sus ojos en la pantalla mientras la doctora le inyectaba la medicación. Para su desgracia, Dorothy no era la única fan de la serie en esa habitación. Cuando la doctora Mosell dejó de mirar el televisor, se percató de que el frasco de medicina seguía intacto mientras que el café de la taza de Dorothy había desaparecido. Antes de que terminara el capítulo, Dorothy había estirado la pata por sobredosis de cafeína.

PISTA: El hecho de que ya estuviera en un hospital no salvó a Dorothy

ÁGATA PROVOCÓ LA MUERTE DE SU ANCIANA VECINA POR NO SACAR A PASEAR AL PERRO

Aquella mañana incluso el mercurio de los termómetros en Visby tiritaba marcando once grados bajo cero. Quien aún no había castañeteado sus dientes, ni tan siquiera conocía el significado de esa palabra, era Bismark: setenta y cinco quilos de San Bernardo con pedigrí. El pelaje del perro lo hacía inmune a los caprichos de la meteorología, pero su dueña no gozaba de esa suerte y había renunciado a pasear el animal durante esos días. A base de esfuerzo y unas galletitas de recompensa, Bismark había perfeccionado la operación de evacuar entre los barrotes del balcón. Así, el mejor amigo del hombre podía hacer sus necesidades sin prisas mientras Ágata lo vigilaba desde el confort de su sillón. Todos contentos. Hasta que aquella mañana su anciana vecina desafió el frío y salió a la calle justo en el preciso instante en que el chucho daba por terminado un nuevo show de vaciado estomacal. Las heces tardaron tres pisos en congelarse y cinco en impactar sobre la cabeza de la mujer, quien ya no se levantó jamás.

PISTA: El perro tenía que hacer sus necesidades a pesar de las gélidas temperaturas

ALEX FUE A UNA SIMPLE REVISIÓN MÉDICA Y TERMINÓ SIENDO EL MUERTO CON MÁS LUSTRE DE TODO EL CEMENTERIO

«Beba líquido todo el rato.» Esa fue la única prescripción que el médico dio a Alex después de una exhaustiva revisión de dos minutos en la que el doctor tuvo tiempo de recibir al paciente, examinarlo y hacer un diagnóstico minucioso antes de volver a colocar la mano en el pomo y devolverlo a la calle. «Beba líquido...», se repetía mentalmente Alex de vuelta a casa. A pesar de que la instrucción para curarle el dolor de espalda le parecía un tanto extraña, no llegó a plantearse que su incipiente sordera le había jugado una mala pasada y decidió seguirla a rajatabla. ¿Quién era él para dudar de la palabra de un médico? Así que compró el líquido que le recomendaba y al regresar a casa decidió empezar el tratamiento cuanto antes para alegría de sus riñones. A la segunda botella Alex vio que algo no andaba bien. Fue ya con la tercera cuando empezaron los vómitos y no tuvo tiempo de llegar a la cuarta. Alex murió maldiciendo al doctor y su extraño remedio: «Beba líquido de zapato».

PISTA: La prescripción del médico no fue lo suficientemente clara

POR QUERER PONER CELOSOS A SUS COMPAÑEROS DE TRABAJO, PETER ECHÓ SUS VACACIONES POR TIERRA

Peter aún no se lo podía creer, un año entero esperando el día y por fin había llegado. Se apresuró a configurar el correo electrónico con un mensaje de respuesta por defecto: «Estoy de vacaciones». Dos horas y media más tarde, Peter había cambiado la oficina por una playa casi tan paradisíaca como la que lucía de fondo de pantalla en su ordenador: no tenía palmeras pero sí había gaviotas gaznando, olas que se acercaban y se iban, y arena, mucha arena. Después de los primeros chapuzones del año, decidió que era el momento de mandar una foto a los colegas de la oficina, pero no una cualquiera. Cavó un hoyo que pronto fue la envidia de todos los niños del lugar y luego pidió a una muchacha que le sacara una foto dentro del agujero. Tomada la instantánea, el topo playero quiso salir del hoyo, pero no pudo. Las paredes se desmoronaron sin aviso y, en cuestión de segundos, Peter acabó sepultado por millones y millones de granitos de arena. Peter había cavado su propia tumba.

PISTA: Peter no llegó a mandarles la fotografía de sus vacaciones

EL SONIDO DE LA ALARMA DEL DESPERTADOR FUE LO ÚLTIMO QUE CHARLES ESCUCHÓ ANTES DE MORIR

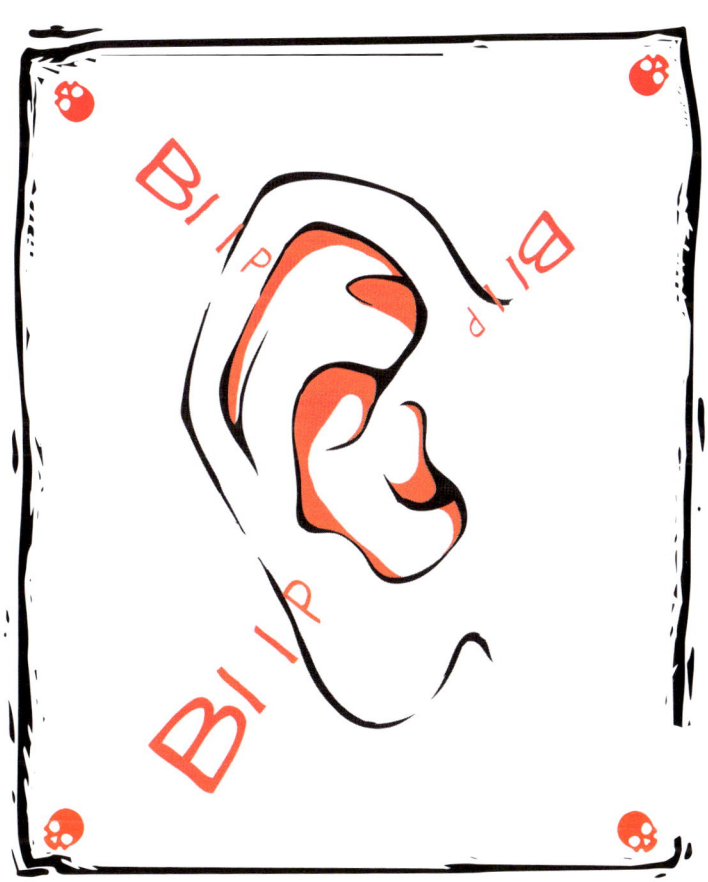

A toda prisa echó los cinco cerrojos y aseguró los dos candados para sellar la puerta y terminar con un largo día de trabajo. A salvo. Toda precaución era poca para Charles. Como sicario en el barrio más peligroso de la ciudad, uno siempre quiere evitar tener que llevarse el trabajo a casa. O peor aún, que las tareas pendientes vengan solas y de madrugada. El día había sido duro y a la mañana siguiente tenía nuevos asuntos para liquidar, así que se desvistió, acomodó el revólver en la mesita de noche y dispuso la alarma del despertador antes de caer rendido en la cama. Seis horas más tarde, el zumbido del aparato le sobresaltó. Buscó a tientas para silenciar el maldito ruido, pero por error Charles pulsó en el sitio equivocado. Por unos segundos el estruendo de la pistola enmudeció la alarma. Luego el despertador siguió berreando sin que nadie lo desactivara. Ese día Charles salió disparado de la cama, pero camino al cementerio.

PISTA: Aquella mañana la alarma no fue lo único que se disparó

AUNQUE LOS BOMBEROS LLEGARON A TIEMPO, SARAH MURIÓ EN EL INCENDIO

El azul y plata de las sirenas desafiaban el resplandor de las llamas que quemaban la casa de Sarah en medio de la madrugada, mientras la lucha de los bomberos contra el fuego parecía andar por buen camino aún con las llamas saludando por las ventanas de la vivienda. Por si acaso los matafuegos se quedaban sin agua, Sarah no dejaba de generarla en sus lagrimales. Los bomberos seguían regando el edificio cuando de pronto la propietaria del castillo en llamas se dio cuenta de su despiste. ¡No podía creer que lo hubiera dejado allí dentro! ¡Tenía que salvarlo! Sin pensarlo dos veces Sarah corrió hacia el infierno como un superhéroe sin que los bomberos pudieran retenerla. Sin superpoderes ni el traje adecuado, Sarah murió entre las llamas pero abrazada a lo que más quería en este mundo: su teléfono móvil.

PISTA: El miedo a quedarse incomunicada le costó muy caro

CUANDO CARLA Y THOMAS POR FIN SE METIERON EN LA CAMA, NO ESTABAN EN LA HABITACIÓN QUE ESPERABAN PARA SU LUNA DE MIEL

La marcha nupcial aún retumbaba en la cabeza de Carla cuando se subió al coche. Thomas se sentó al lado de su recién estrenada esposa pero él no tenía tiempo para recordar la música de la ceremonia. Tenían que volar por la carretera si no querían que su luna de miel despegara sin ellos. Sin tiempo para la cordura, Thomas arrancó el motor de su Chevrolet y puso rumbo al aeropuerto. Con la aguja del cuentakilómetros clavada a 200, Tom convirtió su coche de novios en un auténtico monoplaza de Fórmula 1. Pero los coches de carreras no llevan latas y lazos colgando en el parachoques a modo de adornos. A esa velocidad, uno de los lacitos salió disparado para quedarse pegado justo en el parabrisas e impedir la visión del conductor. Un contravolante primero y seis vueltas de campana después, los novios aterrizaron bocabajo sobre la calzada. Carla y Thomas pasaron la luna de miel compartiendo habitación, pero en el hospital. Fueron felices pero no comieron perdices, compraron un coche nuevo.

PISTA: Un gasto de última hora les arruinó los planes

LA LLAMADA DE UN DESCONOCIDO HIZO QUE HANNAH SE DIERA CUENTA DE QUE TENÍA QUE VOLVER AL MÉDICO

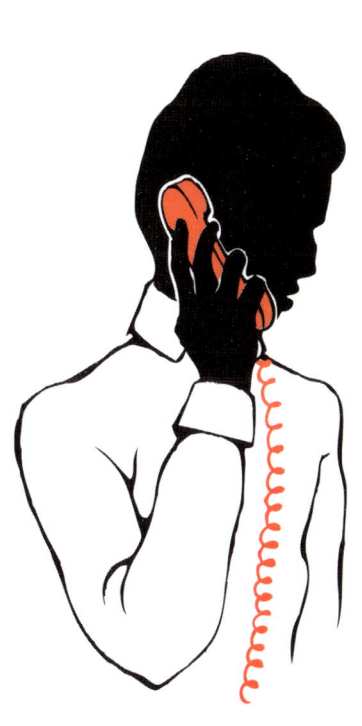

Como quien cose el dobladillo de unos tejanos, el doctor Fredericks cerró el último punto del vientre de Hannah. ¡Lista! El ataque de apendicitis ya era historia y esa misma tarde la paciente abandonó el hospital para recuperarse en el sofá de su casa. Al mismo tiempo, después de otra larga jornada bordando barrigas, el doctor Fredericks colgó la bata en el perchero de su piso e inició la operación más complicada del día: vaciarse los bolsillos. Las llaves, la cartera, un pañuelo momificado, cinco céntimos y diversos tíquets de compras, pero ni rastro del teléfono móvil. Preocupado por la posibilidad de haber perdido el quinto móvil en un año, el cirujano se llamó desde el fijo con la esperanza de escuchar el ring-ring del aparato. Nada, silencio. En ese mismo instante, un terremoto con banda sonora sacudió con fuerza la barriga de Hannah. Después del seísmo tuvieron que operarla de nuevo, pero esta vez no le extirparon el apéndice sino el móvil del cirujano.

PISTA: Por suerte tenía puesto el móvil en modo vibración

PARA PODER HACER EL VIAJE, ADAM TUVO QUE CAMBIARSE DE NOMBRE

A regañadientes, Jack arrastró la flechita blanca del ratón y confirmó la opción de COMPRAR. Por mucho que le pesara, su hija tendría el viaje prometido por su decimoctavo cumpleaños. Aunque el viaje no era lo que más preocupaba al padre, sino el personaje que estaría al lado de su angelito en la butaca del avión. El novio de Emma no le caía muy bien. Greñudo, alto y delgado, parecía una fregona sucia que hubiera aprendido a andar. Para ahorrarse disgustos, Jack llamó a la puerta de Emma antes de entrar. Allí estaban su princesa y el mocho andante listos para recibir el regalo. Emma soltó una carcajada mientras repasaba los billetes. Su padre había confundido el nombre de su novio Adam Cole, por el del actor Adam West. Aferrándose a su error, Jack dijo que no podía pagar los 300 euros para cambiar el billete y que por lo tanto su hija tendría que ir sola. Pero Adam no se iba a rendir: si su suegro no pagaba el cambio de nombre, él cambiaría el suyo. Así fue como Adam Cole pasó a llamarse Adam West.

PISTA: Su nombre no valía tanto como su amor

LAS PRISAS DEJARON A LUIS Y A SUS COMPAÑEROS SIN FUTBOL, SIN CENA Y SIN PUESTO DE TRABAJO

Luis conducía el camión de vuelta a la central con el ceño fruncido. Antes que bombero o humano, él era hincha del Atleti y odiaba los fuegos que lo dejaban sin ver el fútbol los días de partido. Por fortuna, la cocina del piso de la calle Sepúlveda no plantó mucha batalla y extinguieron el fuego fácilmente. Con un poco de suerte y la ayuda de las sirenas, sus compañeros y él llegarían a tiempo para ver la segunda mitad. Los bomberos escuchaban los avances de su equipo por la radio y justo cuando la voz del narrador subía de revoluciones para cantar gol, la transmisión del partido se cortó dando paso a un nuevo aviso de fuego. La noticia fue recibida entre abucheos como si de un penalti en contra se tratara hasta que supieron la localización del fuego: el parque de bomberos. Con las prisas, nadie se había acordado de cerrar el horno, y las pizzas para el partido se habían carbonizado y provocado un nuevo incendio. Esa noche Luis se quedó sin futbol, sin cena y sin estación de bomberos.

PISTA: Los bomberos tuvieron que hacer horas extras

A PESAR DE LO MUCHO QUE SU FAMILIA LE QUERÍA, NADIE FUE AL ENTIERRO DE MARK

Un teléfono lamentándose en medio de la madrugada cortó el sueño de Harry. Malas noticias, Mark había fallecido. La enfermedad de su hermano había cumplido la promesa y se lo había llevado dentro del plazo pactado con el médico. En el velatorio los «gracias por venir», «siempre se van los mejores» y «no somos nadie» se fueron repitiendo a lo largo de la jornada. Finalmente listos para el entierro, el buen trabajo del maquillador hubiera pasado inadvertido de no haber sido por Harry, quien se empeñó en abrir la caja para ver por última vez la cara de su hermano. El semblante de Harry palideció al levantar la tapa del ataúd: no era su hermano. Como quien confunde la leche entera con la desnatada en el supermercado, la funeraria se había confundido de muerto. Mientras, al otro lado de la ciudad, la voz de un cura resonaba en una iglesia vacía para dar el último adiós a Mark. Solo él pudo asistir a su entierro.

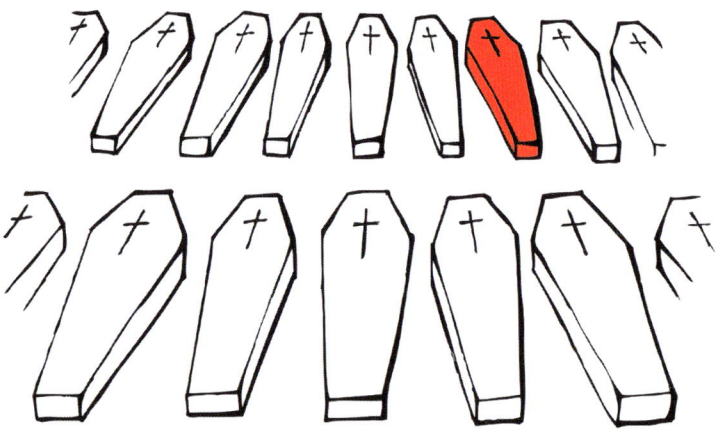

PISTA: Después del entierro, los de la funeraria querían morirse

PARA AHORRARSE LA COMISIÓN, GEORGIOS LLEGÓ AL CAJERO A UNA VELOCIDAD SUPERSÓNICA

El portazo que propinó Georgios al salir del banco hizo temblar los cimientos de toda Grecia. La discusión con el director de la sucursal había sido algo más que acalorada a juzgar por cómo había quedado la pared del despacho después del impacto de la silla hábilmente esquivada por el banquero. ¿El motivo de la trifulca? Georgios estaba harto de las comisiones que le cobraban por tener una tarjeta de crédito turca y el banco no iba a dejar de cobrárselas. Militar de profesión y demente por convicción, al banquero solo le salvó el hecho de que en media hora Georgios tenía que realizar unas maniobras militares a bordo de su F16. Durante el vuelo, el enfurecido cliente gestó una idea mejor que la de cancelar su cuenta en Turquía y abrir una nueva en un banco del país. Ni corto ni perezoso, decidió desviar un poquito la ruta prevista. Media hora más tarde, un cajero automático en Turquía escupía dinero en la mano de Georgios, libre de comisiones y listo para volver donde debía estar, en Grecia.

PISTA: Ni por ser militar se libraba de las comisiones

CUANDO LUCY SALIÓ DEL ARMARIO, A SALVA SE LE ACABÓ EL JUEGO

Las gotas de sudor surfeaban por la cara de Salva. Después de meses de dedicación lo tenía más cerca que nunca: por fin iba a pasar de nivel en el videojuego. Justo cuando aparecía el monstruo de la pantalla final, el tintineo de las llaves girando en la cerradura le devolvió al mundo real. «¡Cariño, ya estoy en casa!» *Oh-oh*. El triángulo amoroso que Salva mantenía con su PlayStation y su novia Lucy era motivo de disputa diaria para la pareja y la huella imborrable del culo en el sofá era la prueba de nueve horas sentado pulsando botones. Habría bronca y no podría terminar el juego, pero Salva tenía un plan. «Tengo una sorpresa para ti», le dijo mientras la conducía al dormitorio. Sin pensárselo dos veces hizo entrar a la chica en el armario y desde fuera trabó las puertas con una escoba. El invento duró escasos minutos, hasta que Lucy consiguió romper la escoba y salir hecha una furia de su acolchada cárcel. Esa noche el GAME OVER le valió a Salva tanto para su partida como para su relación.

PISTA: Salva estaba más enamorado de su videojuego que de su novia

AL DESCUBRIR QUE EL CUADRO ERA FALSO, EL JEQUE CONCLUYÓ QUE A PESAR DE TODO NO HABÍA HECHO TAN MAL NEGOCIO

Fernando se frotaba los ojos mientras su hermano pulía con el pincel los últimos detalles. «Eres un artista Miguelito... ¡vamos a ser ricos!» El fraternal abrazo terminó con los cinco dedos del pintor reproducidos en la americana de Fernando. Y qué más daba, con lo que iban a sacar del lienzo podría comprarse la fábrica de chaquetas entera. La imitación era tan buena que ni el mismo Goya hubiera sabido hacerla mejor y eso que el original era suyo. Con la falsificación de la obra completada, solo faltaba venderla. Un jeque con el mismo gusto por la historia del arte que un gorrino por la limpieza se ofreció a pagar hasta cuatro millones de euros. Trato hecho. Un café rápido, el cuadro para ti, el maletín para nosotros, la cuenta a medias y gracias por todo. A los dos hermanos les faltó tiempo para ir al banco a ingresar el botín. Allí se dieron cuenta de que Miguel no era el único artista, la fotocopiadora del jeque también sabía falsificar: concretamente cuatro millones de euros.

PISTA: El dinero del jeque no tenía mucho valor

COMO TOM SE DEJÓ LA LLAVE EN EL CONTACTO, EN ESCOCIA SE FORMÓ UNA COLA KILOMÉTRICA

Si era martes y el sol brillaba en Abington, Tom Hamilton salía a labrar el campo. Y si era cualquier otro día de la semana y estaba nublado, también. Tom era campesino y para él ni los horarios ni las excusas existían. Él era feliz trabajando junto a su fiel amigo Toby, un Beagle juguetón que solo se separaba de su amo para dar un susto de muerte a alguna liebre despistada que solía acabar en el horno de los Hamilton. Como buen ayudante, un día el perro quiso hacer más de la cuenta. Saltó dentro del tractor y sin previo paso por la autoescuela, consiguió dar el contacto con un golpe de pata y hacer rodar el vehículo cuesta abajo hasta quedarse trabado justo en medio de la carretera principal del pueblo. Más tarde, un coro histérico de cláxones condujo al campesino al lugar del concierto. Y allí estaba Toby con las patitas al volante y el tractor obstruyendo la calzada. Los conductores solo cesaron de increpar a Tom cuando este consiguió arrancar el tractor y volver a casa con el rabo entre las piernas.

PISTA: Cuando Tom recuperó el tractor, estaba lleno de pelo de perro

CUANDO LA POLICÍA SE DIO CUENTA DEL ERROR, LA GENTE YA VEÍA DOBLE

El 26 de febrero siempre será recordado por la gente del barrio de Palmerah, en la ciudad de Yakarta, como el día más risueño de toda su vida. Cuando la policía irrumpió en la bodega clandestina de Iskandar, el propietario se quedó afónico intentando sobornar a los agentes a base de vino y billetes, aunque sin suerte. Los valedores de la ley no se dejaron seducir ni por el verde de las botellas ni tampoco por el del dinero. Además de imponerle una cuantiosa multa, la policía le confiscó todo su vino. Como no tenían sitio para almacenar la antología de barriles en el depósito policial, tomaron una decisión drástica. Vertieron toneladas y toneladas de vino en el río de la localidad. Lo que no tuvieron en cuenta era que el arroyo en cuestión abastecía de agua a todo el barrio. El licor empezó a manar de todos los grifos de Palmerah e, imitando los peces del villancico, los vecinos bebieron y volvieron a beber. La policía instigó la mayor cogorza de la historia y la mayor resaca el día después.

PISTA: Gracias a la policía la gente podía lavarse los dientes con vino tinto

AUNQUE LA CENA TENÍA BUENA PINTA, CUANDO SU MUJER PUSO EL PLATO EN LA MESA, FINIDI LE PIDIÓ EL DIVORCIO

Los dedos de Finidi percutían con ritmo sobre el mantel de cuadros rojos y blancos. Primero el anular, luego el dedo corazón y finalmente el índice, que concluía el nervioso efecto repetido como una ola que nunca rompía. Un vistazo al reloj de la pared aumentó su nerviosismo. Estaba harto. Cuando Mubina llegó sonriente acompañada de una señora merluza humeando en el plato, la cara de Finidi se asemejaba más a la del difunto pez que a la de su alegre esposa. La felicidad en el rostro de Mubina duró lo que tardó en enfriársele el pescado. «No lo puedo soportar más, siempre estamos igual, no puedo vivir así. Quiero el divorcio.» Tres meses más tarde el martillazo de un juez ponía punto y final a doce años de matrimonio entre Finidi y Mubina. Aunque Cupido había hecho bien su trabajo, los rugidos del estómago de Finidi sentenciaron a la pareja porque si bien el hombre quería a su mujer, no la quería tanto como para cenar siempre tan tarde.

PISTA: Igual que la cena, el desamor de Finidi se cocinó a fuego lento

AUNQUE SE HABÍA ROTO LA PIERNA, TED ESTABA CONTENTO

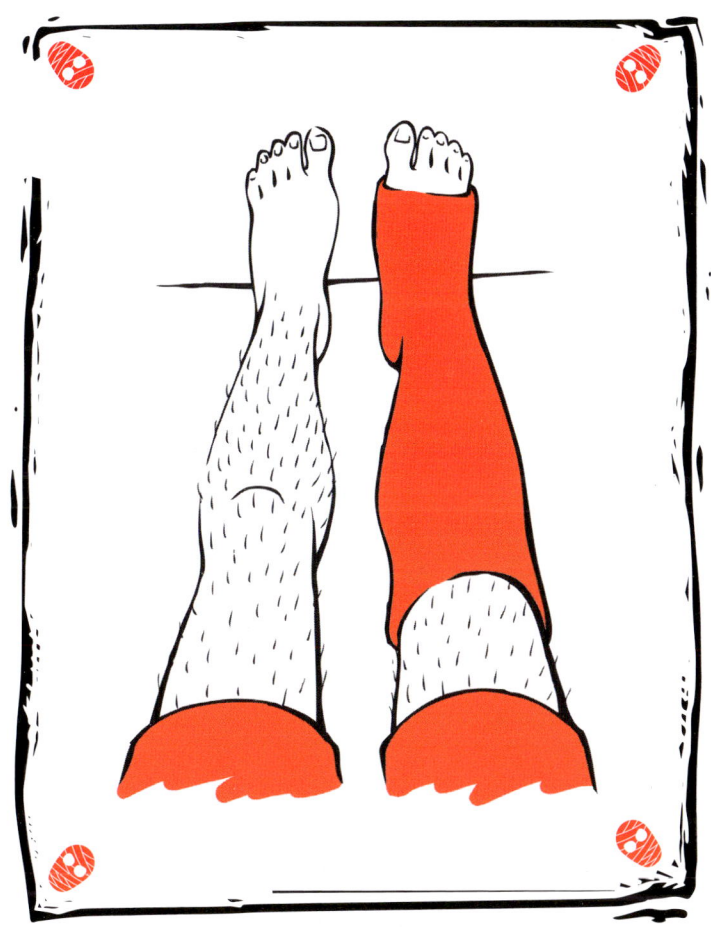

«¿Qué te parece? ¿Me queda bien? ¡No me digas que sí, si ni siquiera me has mirado!» Para Ted el infierno tenía un nombre y se llamaba rebajas. Llevaba tantas horas metido en esa lata de sardinas con escaleras mecánicas que incluso los maniquíes empezaron a apiadarse de él. Por contra, Natalie no podía ser más feliz tirando del brazo a su chico de una tienda a otra. «¿Qué botas te gustan más? ¿Estas o esas?» Cuando él apenas distinguía unos mocasines de piel de unas chancletas. La gota que colmó el vaso fue cuando vio su reflejo en un escaparate. Más que un ser humano parecía un pulpo de mudanza, cargado de paquetes y bolsas en los ocho tentáculos. Tenía que poner fin a esa locura y solo tenía una escapatoria. Aprovechó que Natalie se enamoraba del enésimo pañuelo para cerrar los ojos y lanzarse escaleras abajo. El impacto fue fuerte y el *crac* de su pierna sonoro. Lo había logrado. Veinte minutos más tarde por fin abandonaba el centro comercial, eso sí, rumbo al hospital.

PISTA: Ted estaba desesperado por largarse

CUANDO POR FIN LOGRÓ TERMINAR LA DISCUSIÓN, HANS ESTABA CUBIERTO DE BARRO

Su padre nunca se lo había perdonado. Él, sargento primero del ejército de Estados Unidos, no aceptaba que su único hijo varón no quisiera ser soldado sino escritor. La última vez que Hans vio a su padre, el sargento le ordenó que no pusiera nunca más los pies en su casa. Cuando se reencontraron, el sargento estaba tumbado dentro de una caja de pino arropado con una bandera llena de barras y estrellas por si acaso en el entierro refrescaba. Años después, Hans revivía esa última discusión delante de la verja del cementerio militar de Louisville. Cruzó el campo plagado de cruces y empezó a cavar justo delante de una. A treinta paladas por minuto y embarrado hasta los codos, desenterró el cuerpo de su padre en tiempo récord. Emulando la escena shakespeariana más famosa de la historia, tomó la calavera con las manos y se desahogó vomitando las palabras que había guardado desde aquel día. Para Hans, ser o no ser no era la cuestión, sino terminar de una vez por todas la discusión.

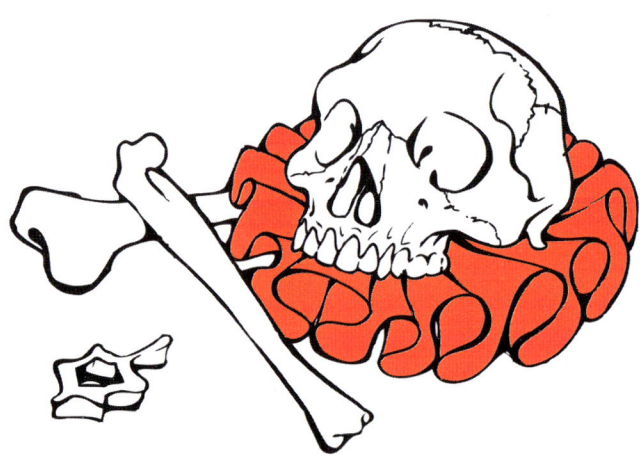

PISTA: Hans llegó a la discusión con una pala

A TONI LO SUSPENDIERON INCLUSO ANTES DE EMPEZAR EL EXAMEN

Los decibelios de un viejo hit de The Police se estrellaban una y otra vez contra los cristales del Seat Ibiza de Toni. El temblor de los altavoces era tan alto que incluso el retrovisor vibraba al son de la música. Berrear sus canciones preferidas al volante le ayudaba a relajarse y más en días de examen como aquel. A los nervios por la prueba se le sumaba que llegaba tarde. Tras una carrera de obstáculos contrarreloj esquivando coches mal aparcados, motoristas suicidas y semáforos daltónicos que se ponían rojos cuando no debían, Toni consiguió llegar solo cinco minutos tarde. Tiró con todas sus fuerzas del freno de mano, apagó la voz de The Police y salió del vehículo. Allí le esperaban su instructor de autoescuela y el examinador, con la cara desencajada. Toni había llegado al examen de conducir, sí, pero conduciendo. Una llamada más tarde, Toni volvía a montarse en un coche con *the police*, pero esta vez no cantaban, los agentes conducían y lo llevaban a la comisaría.

PISTA: Toni tenía la lección demasiado aprendida

TRAS LEER LA NOTICIA EN EL PERIÓDICO, CHARLIE LE PIDIÓ EL DIVORCIO A SU MUJER

Charlie escupió encima del periódico el primer sorbo de café de la mañana. No daba crédito. En choque, volvió a leer la noticia en el periódico empapado de café como la punta de su cruasán. Allí lo ponía bien claro. Charlie no reaccionó hasta que Sandra entró en el comedor haciendo lo que mejor se le daba: regañar a su marido por alguna tontería. Faltando a la tradición, el hombre no contraatacó, se levantó y se fue. Después de pasarse la tarde visitando a su abogado y haciendo cola en el banco, Charlie le dio las buenas noches a su esposa por última vez. Al día siguiente, y esta vez sin escupir nada, Charlie le pidió el divorcio a su mujer y le dio 35.000 euros, el coche y la casa. Sandra, sin entender nada y encantada de la vida, aceptó el trato. En el avión y rumbo a las islas Fiyi, Charlie volvió a mirar el recorte del periódico: 2, 7, 13, 26 y 89. Los números coincidían con su boleto. Le había tocado la lotería: se había separado de su mujer y había ganado un millón de euros.

PISTA: Charlie no le contó la noticia hasta después del divorcio

COMO LAS ALMOHADAS DEL CUARTELILLO ERAN MÁS DURAS QUE SUS SOLDADOS, TREINTA OFICIALES TERMINARON EN LA ENFERMERÍA

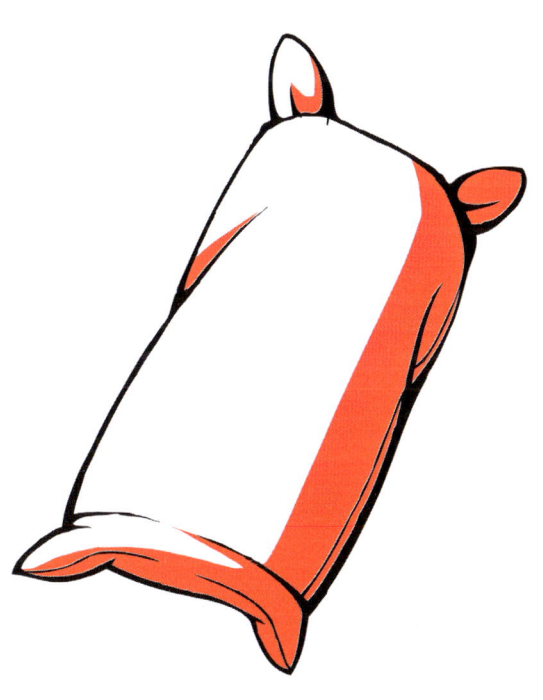

Los soldados caían como moscas. Los que tenían la suerte de cara y aún no habían resultado heridos corrían desesperados hasta la trinchera más cercana. La batalla en la academia militar de West Point se estaba saldando con más bajas de las previstas. De hecho, en sus cien años de historia, nunca antes se había visto una guerra de almohadas en el centro con semejante cantidad de costillas rotas, mandíbulas desencajadas, traumatismos craneales y sobre todo sangre, mucha sangre. ¡De haber sabido antes que las plumas de ganso eran tan letales como una granada, el ejército se hubiera ahorrado algunas bombas! Con semejante panorama y para evitar daños mayores, el director de la academia puso fin a la batalla. Fue entonces, pasando revista a las almohadas de sus reclutas, cuando halló la respuesta a la escabechina. Dentro de los cojines, entre las plumas, un regimiento de llaves inglesas, martillos y ladrillos, también se habían alistado para librar la batalla.

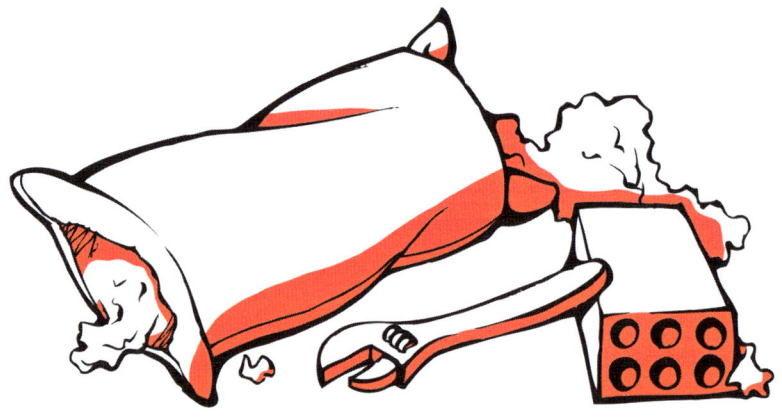

PISTA: **Con el relleno de las almohadas del cuartelillo podrías arreglarte muchas cosas**

COMO DIEGO TENÍA MALA MEMORIA, EL JABALÍ SE SALVÓ Y ÉL NO

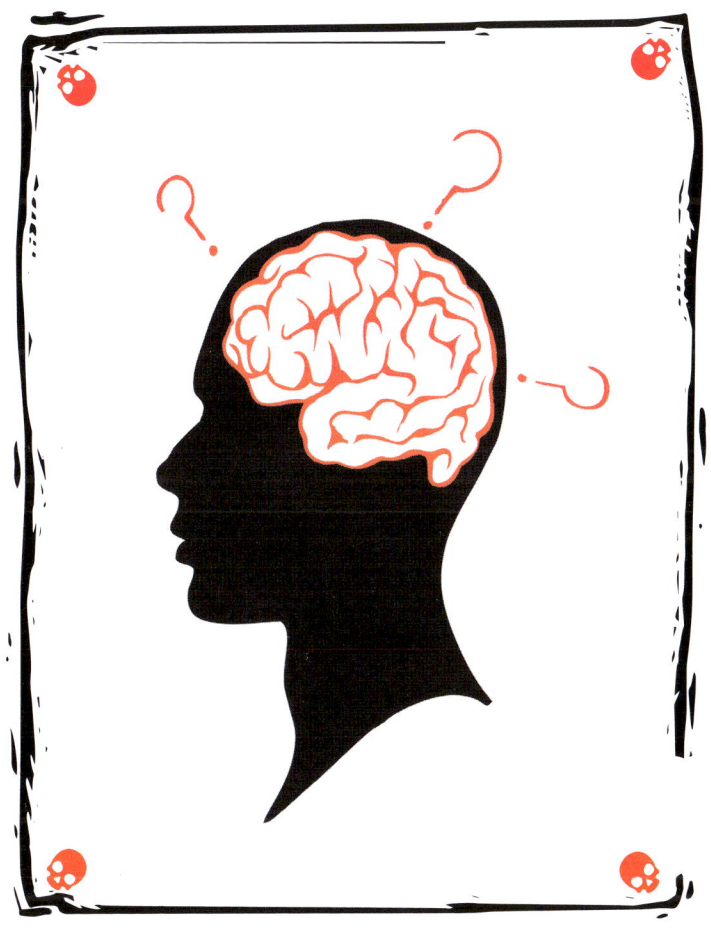

Hacía apenas dos semanas que la había colocado pero ahora era incapaz de recordar dónde. Piensa, Diego, piensa… Caminaste veinte minutos por el bosque, cruzaste el arroyo, unos minutos más y finalmente la pusiste allí, a buen cobijo entre encinas y alcornoques. No podía estar muy lejos. Y es que una cosa era no encontrar las llaves de casa y otra muy distinta olvidar dónde había escondido una trampa para jabalíes. El artilugio consistía en una escopeta anclada entre las rocas con un hilo tensado alrededor de los árboles y a su vez atado al gatillo del rifle. Si un jabalí tocaba el filamento, la escopeta dispararía y el cerdo acabaría en el horno de Diego. Por fin el cazador vio el cañón de la escopeta saludándole de frente, pero no prestó la misma atención al hilo atado entre dos encinas que acababa de tocar. El estruendo del arma hizo salir un jabalí asustado de su madriguera. El puerco respiró tranquilo cuando vio a Diego en el suelo. El cazador había caído en su propia trampa.

PISTA: De haberlo sabido, Diego no hubiera escogido un escondite tan bueno

EL MIEDO DE TIM POR LAS ARAÑAS LO DEJÓ SOCARRADO

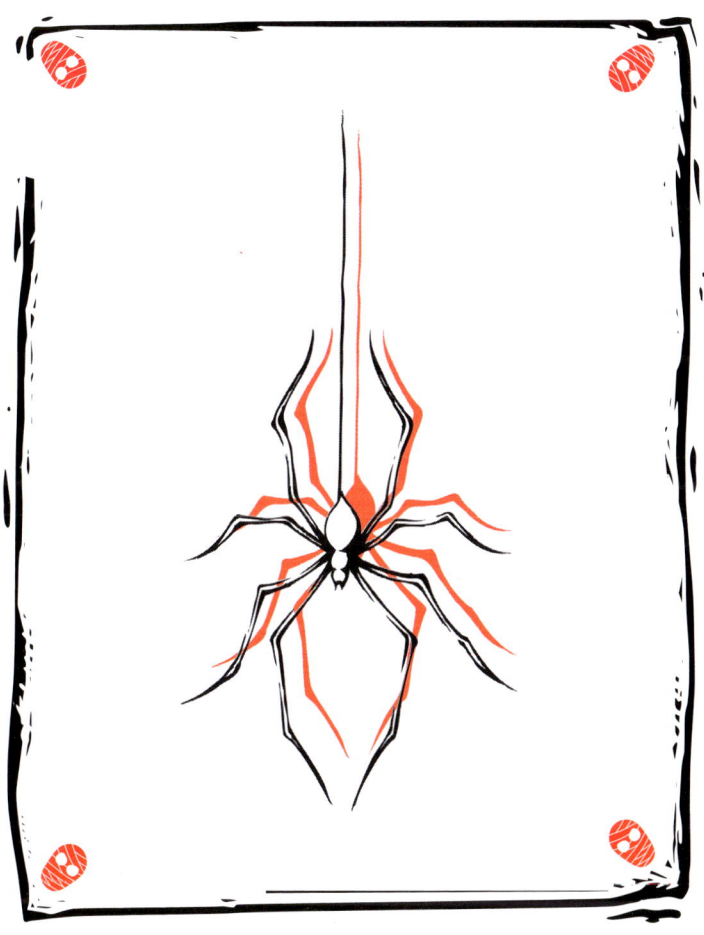

El piloto rojo se iluminó en el tablero del coche. No tenía gasolina. Tim había planeado devolvérselo a su hermano sin necesidad de llenarle el depósito, pero el tacaño del año tuvo que desviar el vehículo a regañadientes hasta el surtidor de una gasolinera. Después de pagar cinco dólares a disgusto y apurando las últimas gotas, la vio allí, encima de la manguera: una araña se había acercado a saludar. En este mundo solo había una cosa que a Tim le diera más miedo que el precio de la gasolina y esa eran las arañas. A ese particular infierno solo le faltaban las llamas, algo que el enemigo de Spiderman se encargó de enmendar. Tim se sacó del bolsillo un mechero de chapa que parecía propio de algún malote de película. Prendió la llama para socarrar al pobre arácnido y este le devolvió la jugada. La bola de fuego de ocho patas saltó dentro del depósito haciendo estallar el coche, quemando la gasolinera y chamuscando a Tim. Su miedo a las arañas le costó muy caro.

PISTA: La araña estaba en el sitio equivocado en el momento equivocado, igual que el mechero de Tim

AUNQUE SUS VÍCTIMAS NO SE QUEJARON, McGREGOR TUVO QUE IR A JUICIO

«¡Mueve el culo maldito botarate! Y tú, bolsa de basura con patas, ¡circula!» McGregor sabía más palabras que las que caben en siete diccionarios juntos, el único inconveniente era que no había una sola que no fuera un insulto. De la boca más malhablada de Escocia habían salido groserías de la talla de palurdo, zoquete, patán, tarugo o zascandil, y algunas otras inventadas por él mismo como tostapezuñas o vomitaliebres. A los vecinos de McGregor se les rompía el corazón escuchando los improperios lanzados por el hombre a las indefensas criaturas que siempre le acompañaban. Estas lo aceptaban sin rechistar y parecían inmunes a los agravios, pero los vecinos dijeron basta y denunciaron a McGregor. La citación judicial lo cogió por sorpresa y pensó que se trataba de una broma. ¿Cómo le iban a juzgar por insultar? Después de un largo juicio, el juez dictó sentencia y la palabra culpable hizo estallar de alegría al pueblo. Desde aquel día McGregor no pudo volver a insultar a sus ovejas.

PISTA: La mala lengua de McGregor afectaba a sus compañeras de trabajo

CUANDO ESTABAN A PUNTO DE LLEGAR A NIZA, NICOLE Y JEAN-LUC TUVIERON QUE DAR MEDIA VUELTA

Las ruedas del Renault cargado hasta los topes chirriaron al despedirse del área de descanso. Jean-Luc tenía prisa por llegar. La Costa Azul les aguardaba a él y a su familia y si llegaban a tiempo aún podrían darse un chapuzón. A pesar de sus buenas intenciones, la agresiva maniobra al volante le costó una nueva bronca con Nicole, un *hobbie* al que la pareja había cogido especial gusto desde hacía tres años, con la llegada de su hija Sophie. «Siempre vamos tarde, siempre estás enfadada, siempre lo hago todo mal.» Estos fueron los titulares de una discusión que se alargó durante 150 kilómetros. Para evitar una nueva batalla dialéctica, Jean-Luc subió el volumen de la radio: «... la niña olvidada en un área de descanso responde al nombre de Sophie...». El Renault frenó en seco. El buen humor no había sido lo único que se habían dejado al salir del área de descanso. Jean-Luc y Nicole deshicieron los 150 kilómetros para recuperar a su hija empezando una nueva discusión.

PISTA: Un vistazo al retrovisor les hizo volver

LAS NOTICIAS

UN FOTÓGRAFO DE BODAS MUERE DE UN TIRO TRAS PEDIR A LOS NOVIOS QUE POSARAN CON PISTOLAS

TRES PERSONAS RESULTAN HERIDAS TRAS CAER UN PERRO DE UN BALCÓN

UN CONDUCTOR DE AUTOBÚS PIERDE A 20 ENFERMOS MENTALES Y LOS REMPLAZA POR GENTE SANA

ATASCA SU CABEZA EN UN CUBO DE BASURA PÚBLICO AL TRATAR DE RECUPERAR SU SOMBRERO

SE ENTREGA A LA POLICÍA DESPUÉS DE MATAR A SU AMIGO IMAGINARIO

UN SOLDADO HIERE A OTRO INTENTANDO QUITARLE EL HIPO DE UN SUSTO

LOS PADRES SE CONFUNDIERON Y PUSIERON PETARDOS EN VEZ DE VELAS

DETENIDOS DOS ATRACADORES DESPUÉS QUE EL DUEÑO DEL RESTAURANTE LES DIJERA QUE VOLVIERAN MÁS TARDE PARA ATRACAR

SE DESMAYA EN UN VUELO POR LLEVAR DOCE CAPAS DE ROPA PARA NO PAGAR EXCESO DE EQUIPAJE

UN JUEZ OBLIGA A REPETIR UNA BODA PORQUE SE BORRARON LAS FOTOS

RESCATAN A 2 MONTAÑEROS PERDIDOS Y TIENEN QUE VOLVER A SALVARLOS DE VUELTA A CASA

UNA DENTISTA SACA TODOS LOS DIENTES A SU EX NOVIO POR IRSE CON OTRA

UN SOCORRISTA MUERE AHOGADO EN UNA FIESTA DE SALVAVIDAS

OBLIGAN A LOS SOLDADOS HOLANDESES A IMITAR EL RUIDO DE LAS BALAS CON LA BOCA PARA SUPLIR LA FALTA DE MUNICIÓN

UNA ABEJA OBLIGA A UN AVIÓN A VOLVER AL AEROPUERTO

UN PRESO INDIO HUYE DE UNA CÁRCEL QUE NO LE GUSTA Y SE ENTREGA EN OTRA

UN BANQUERO TRANSFIRIÓ 222 MILLONES POR ERROR AL DORMIRSE SOBRE ELTECLADO

UN ANCIANO PUBLICA SU PROPIA ESQUELA PARA QUE SU FAMILIA LE VAYA A VISITAR

GANA EL ORO, SE EMBORRACHA PARA CELEBRARLO Y TERMINA PAGANDO UN TAXI CON LA MEDALLA

UN PRESO SE ESCAPA DE LA CÁRCEL EN UNA TABLA DE SURF

UN HERIDO GRAVE AL QUERER HACERSE UNA SELFIE CON UNA SERPIENTE DE CASCABEL

SUBE A UN ÁRBOL PARA TOMAR FOTOS DE LA SALIDA DEL SOL Y MUERE ELECTROCUTADO

ASESINAN A UN SORDO AL CONFUNDIR EL LENGUAJE DE SIGNOS CON GESTOS DE BANDAS

LE FALLA LA PISTOLA EN PLENO ATRACO, PRUEBA DE ARREGLARLA Y SE VUELA LA CABEZA

UNA ANCIANA BRASILEÑA MUERE DESPUÉS DE QUE LE INYECTARAN CAFÉ CON LECHE EN VENA

UNA ANCIANA MUERE GOLPEADA POR LOS EXCREMENTOS CONGELADOS DE UN PERRO

HAITIANO MUERE TRAS CONFUNDIR INDICACIÓN MÉDICA DE INGERIR MUCHO LÍQUIDO CON BEBER LÍQUIDO DE ZAPATO

MUERE ASFIXIADO EN UNA PLAYA AL DESMORONARSE EL AGUJERO DE ARENA QUE HABÍA CAVADO

CONFUNDE LA PISTOLA CON UN TELÉFONO Y SE DISPARA A LA CARA TRATANDO DE QUITAR LA ALARMA

LA RESCATAN DE UN INCENDIO PERO MUERE AL VOLVER POR SU MÓVIL

CANCELAN LA LUNA DE MIEL DESPUÉS DE DESTROZAR EL COCHE AL SALIR DE LA CEREMONIA

LE VIBRA EL ESTÓMAGO Y SE DA CUENTA DE QUE UN MÉDICO SE HA DEJADO SU MÓVIL DENTRO

CAMBIA SU NOMBRE PORQUE LE SALE MÁS BARATO QUE CAMBIAR EL NOMBRE DEL BILLETE DE RYANAIR

BOMBEROS INCENDIAN SU COCINA MIENTRAS ACUDÍAN A APAGAR EL FUEGO DE OTRA

SE PASAN DIEZ HORAS VELANDO EL CADÁVER EQUIVOCADO Y SE PIERDEN EL ENTIERRO

UN PILOTO GRIEGO DESVÍA SU F16 PARA IR A SACAR DINERO DE CAJEROS EN TURQUÍA

ENCIERRA A SU NOVIA PARA JUGAR A LOS VIDEOJUEGOS SIN INTERRUPCIONES

UN JEQUE ÁRABE COMPRA UN CUADRO FALSO CON DINERO FOTOCOPIADO

UN PERRO CAUSA PROBLEMAS DE TRÁFICO POR CONDUCIR UN TRACTOR EN ESCOCIA

LA POLICÍA DE INDONESIA VIERTE TONELADAS DE VINO AL RÍO Y PONE PEDO A UN BARRIO ENTERO

LA JUSTICIA NIGERIANA CONCEDE UN DIVORCIO PORQUE LA ESPOSA SERVÍA TARDE LA CENA

SE ROMPE LA PIERNA A PROPÓSITO DESPUÉS DE 5 HORAS INTENSAS DE COMPRAS CON SU NOVIA PARA IRSE DEL CENTRO COMERCIAL EN AMBULANCIA

DESENTIERRA A SU PADRE DESPUÉS DE 20 AÑOS PARA TERMINAR UNA DISCUSIÓN CON ÉL

DETENIDO POR LLEGAR CONDUCIENDO AL EXAMEN DE CONDUCIR

UN HOMBRE GANA LA LOTERÍA, SE LO OCULTA A SU MUJER Y SE DIVORCIA AL DÍA SIGUIENTE

UNA PELEA DE ALMOHADAS DEJA 30 HERIDOS EN UNA ACADEMIA MILITAR

CAZADOR URUGUAYO MUERE EN SU PROPIA TRAMPA DESPUÉS DE OLVIDAR DÓNDE LA HABÍA COLOCADO

UN HOMBRE INCENDIA UNA GASOLINERA AL MATAR UNA ARAÑA CON UN MECHERO

DENUNCIAN A UN PASTOR POR INSULTAR A SUS OVEJAS

CONDUCEN 150 KILÓMETROS ANTES DE DARSE CUENTA DE QUE SE HAN OLVIDADO A SU HIJA DE 3 AÑOS

¿CUÁLES SON TUS HISTORIAS IMPOSIBLES?

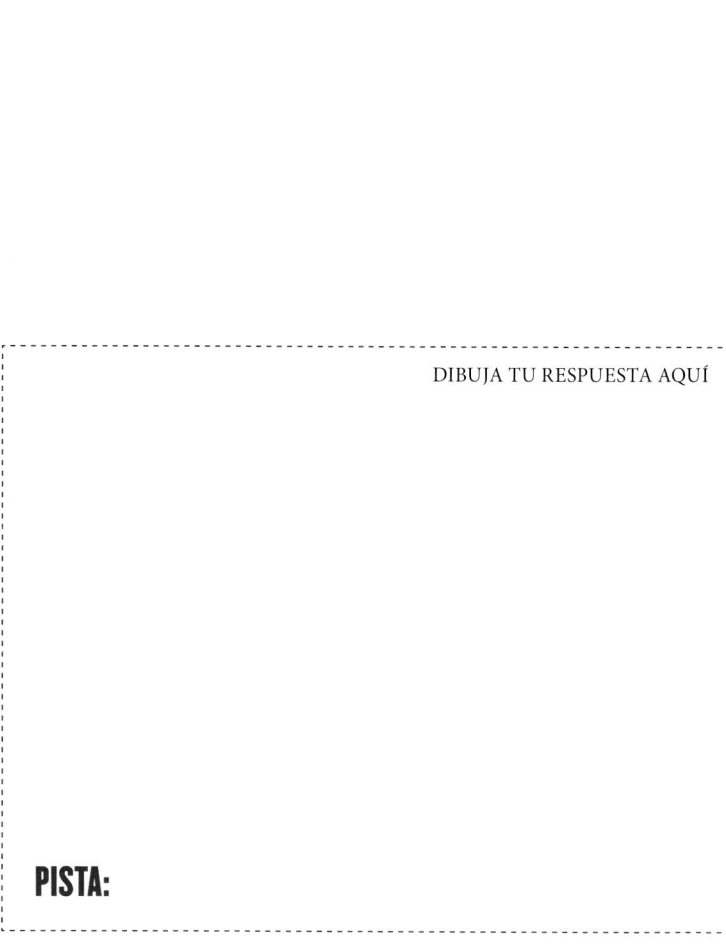

¿CUÁLES SON TUS HISTORIAS IMPOSIBLES?

DIBUJA TU RESPUESTA AQUÍ

PISTA:

¿CUÁLES SON TUS HISTORIAS IMPOSIBLES?

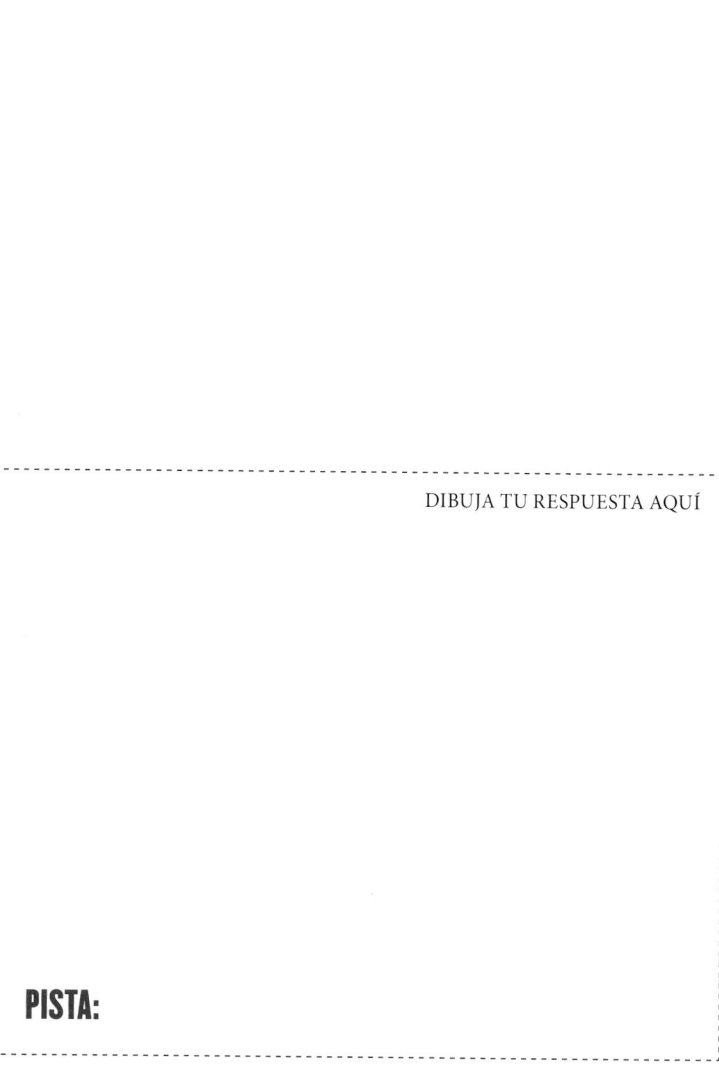

DIBUJA TU RESPUESTA AQUÍ

PISTA: